miaou !!

LE GUIDE DU PARLER CHAT

Direction de la publication
Isabelle Jeuge-Maynart et Ghislaine Stora

Direction éditoriale
Catherine Delprat

Édition
Sylvie Cattaneo-Naves

Couverture
Anna Bardon

Conception graphique
Anna Bardon

Mise en page
Jean-Yves Grall

Fabrication
Laure Ferrandis

ISBN : 978-2-03-589885-2

L'auteur adresse un grand miaou de remerciement à Véronique, Guillaume, Delphine et Cyril pour leur aide précieuse, et à tous les chats qui l'ont inspiré.

Textes : Docteur Jean Cuvelier • Illustrations : Jean-Yves Grall

miaou !!

LE GUIDE DU PARLER CHAT

LAROUSSE

Sommaire

Avant-propos

Il ne viendrait à l'idée de personne, un tant soit peu raisonnable, de partir seul en Chine sans connaître quelques rudiments de chinois… Et pourtant c'est ce que vous faites en adoptant un chat sans savoir « parler chat » !

Comprendre son chat, c'est savoir l'observer, l'écouter et analyser son comportement. Les mimiques des yeux, des oreilles, des moustaches, de la bouche, le regard, les mouvements de la queue, la voix, la distance interindividuelle de sécurité, les postures, l'état de la fourrure, le marquage, les griffades…

Chaque détail apporte une information et c'est la somme de ces informations qui permet de savoir, en tenant compte du contexte, ce que le chat veut dire. Un peu comme si chaque geste, mouvement, mimique, son, comportement… était un mot et que l'ensemble formait une phrase compréhensible. Plus les informations seront nombreuses et concordantes, plus la traduction sera fiable.

Évidemment, avec le temps, vous apprenez la langue de votre nouveau compagnon, mais rien ne vaut quelques leçons pour éviter des quiproquos et maîtriser rapidement toutes les subtilités du langage félin ! C'est ce que cet ouvrage vous propose. Une fois sa lecture terminée, vous ne verrez plus votre chat comme avant et vos liens en seront renforcés.

Ses pupilles

La partie la plus visible de l'œil du chat est l'iris. Coloré, il est percé en son centre par la pupille dont la taille est contrôlée par les muscles sphincter et dilatateur de la pupille. Le diamètre pupillaire varie très vite en fonction de la lumière, mais aussi des émotions changeantes du chat. Pour éviter les erreurs d'interprétation, les informations apportées par la forme de la pupille doivent toujours être étayées par celles données par les oreilles, les paupières et la queue.

Pupilles rétrécies (ou myosis) : content ou pas content???

Je suis en plein soleil ou en pleine lumière : les pupilles de votre chat se réduisent à une fine fente verticale pour limiter l'entrée de la lumière et éviter l'éblouissement.

Je suis détendu : confiant, au repos, franchement relax, votre chat ne craint rien et n'attache pas vraiment d'importance à ce qui se passe autour de lui.

Je suis en colère : le chat a les oreilles droites orientées latéralement et les yeux rivés sur l'objet de sa fureur. Ses pupilles contractés témoignent de son assurance. Il adopte une posture haute, crache et feule sur son adversaire en guise d'avertissement. Mieux vaut alors le laisser tranquille sous peine de représailles.

Bon à savoir

Le myosis favorise l'accommodation et la vision de près.

Moment de calme : les pupilles en myosis et l'allure détendue du chat traduisent la baisse de vigilance.

Le chat est en colère, ses pupilles rétrécies témoignent de sa confiance en lui.

Ses pupilles

suite

Pupilles légèrement dilatées : tout va bien

Je suis à l'intérieur sous une lumière artificielle: les pupilles de votre chat se dilatent pour s'adapter à la luminosité ambiante et optimiser sa vision.

Je suis en veille et décontracté : rien ne l'inquiète, il vaque à ses occupations quotidiennes.

Pupilles dilatées (ou mydriase) : chat en alerte…

Je suis dans un lieu où la lumière est tamisée (cave, grenier, abri de jardin…) : votre chat dilate ses pupilles pour améliorer sa vision.

Je suis excité à l'approche d'un ami, à la vue de mon repas ou d'une proie potentielle : ses oreilles sont aussi dressées vers l'avant pour capter le maximum d'informations.

Je suis surpris, agacé, anxieux ou nerveux : il est un peu sur la défensive. Les pupilles réagissent très vite aux humeurs de votre chat ! Si, lorsque vous le caressez, elles commencent à se dilater et sa queue à s'agiter, c'est que vous l'énervez. Mieux vaut alors cesser votre câlin, sous peine de représailles…

Pupilles légèrement dilatées : *tout est* normal.

Pupilles dilatées (ou mydriase) : quelquechose a capté son attention.

Ses pupilles

suite

Pupilles très dilatées : Bat (man)-vision ou grosse angoisse ?

J'explore mon territoire à la tombée de la nuit : votre chat est principalement un chasseur nocturne. Grâce à ses pupilles qui se dilatent pour laisser entrer le maximum de lumière et à sa rétine sensible aux faibles lumières, il voit aussi bien que l'homme avec six fois moins de lumière.

Je suis apeuré, terrorisé : votre chat a les oreilles couchées vers l'arrière et observe intensément l'objet de sa peur, prêt à se cacher, fuir ou attaquer s'il se sent menacé. N'insistez pas si vous voulez l'attraper, les attaques d'un chat apeuré sont toujours très violentes, car non contrôlées.

Allo, docteur !

Asymétrie des pupilles (ou anisocorie)

Je souffre d'une atteinte des nerfs contrôlant les muscles pupillaires : n'attendez pas pour consulter un vétérinaire.

Pupilles dilatées en permanence

J'ai été intoxiqué par un composé organochloré (insecticide), du métaldéhyde (molluscicide), ou je souffre d'une affection neurologique : s'il s'agit d'une intoxication, d'autres signes digestifs, respiratoires, cardiaques et nerveux sont associés. Dans tous les cas une consultation vétérinaire s'impose.

Pupilles contractées en permanence

J'ai été intoxiqué par un composé organophosphoré ou un carbamate (insecticide), ou je souffre d'une atteinte neurologique : en cas d'intoxication, d'autres symptômes digestifs, respiratoires, cardiaques et nerveux sont associés. Quelle que soit leur origine, consultez rapidement un vétérinaire.

Il suffit de très peu de lumière pour que votre chat scrute son environnement.

Des pupilles asymétriques, dilatées ou contractées en permanence ? Direction : le vétérinaire !

Ses paupières

Les paupières protègent les globes oculaires des agressions extérieures et de la lumière. Elles nettoient l'œil, étendent les larmes à la surface de la cornée et évitent son assèchement. Comme de petits rideaux, elles règlent le champ visuel. Elles jouent également un rôle très important dans l'expressivité du regard.

Paupières closes : de l'intimité, SVP !

Je suis endormi : avant de s'endormir, votre chat commence par cligner des paupières. Durant son sommeil, il rêve et peut être agité de petits mouvements. Ne le réveillez pas, il est au pays des songes !

Je suis mal à l'aise face à un regard appuyé : votre chat ne se sent pas vraiment menacé, mais préfère fermer les yeux pour se réfugier dans une obscurité rassurante. Si vous voulez l'attirer, détournez le regard pour ne pas l'intimider.

Paupières mi-closes : heu-reux

Je suis détendu, confiant et satisfait : votre chat peut être en train de se reposer dans un endroit sûr et confortable. Rien ne le préoccupe : il n'a pas besoin d'observer attentivement son environnement.

Paupières ouvertes : prêt à tout

Je suis attentif : votre chat est plongé dans ses occupations (manger, jouer, chasser, surveiller son territoire…) et vigilant à ce qui se passe autour de lui. L'ouverture de ses paupières optimise son champ visuel.

En phase de rêve, paupières, babines, moustaches et pattes s'agitent parfois.

Paupières mi-closes, l'air béat, c'est le plus heureux des chats !

Ses paupières

suite

Paupières grandes ouvertes : chat va mal…

Je suis surpris, apeuré ou en colère : l'ouverture des paupières permet à l'œil de votre chat de capter le maximum de lumière. Elle est en général associée à une dilatation complète des pupilles.

Battement des paupières : mission diplomatique

Je n'ai aucune arrière-pensée belliqueuse, je cligne des paupières en signe d'apaisement : si vous voulez séduire votre chat, clignez des yeux en le regardant ou regardez de temps en temps dans une autre direction. Rassuré sur vos intentions, il viendra tranquillement vers vous.

Je souffre d'une affection oculaire (conjonctivite, kératite…) : d'autres signes tels qu'une rougeur de la conjonctive ou un larmoiement sont souvent associés. Dans ce cas, une consultation vétérinaire s'impose.

Allo, docteur !

Procidence de la 3e paupière (ou membrane nictitante)

La cornée de votre chat est partiellement recouverte par une membrane rose située dans l'angle interne de l'œil, entre la cornée et la paupière inférieure. Cette anomalie, lorsqu'elle s'observe sur les deux yeux, est parfois due à la présence de parasites ou de boules de poils dans le tube digestif. En revanche, lorsqu'elle est unilatérale, elle signale souvent une douleur oculaire (kératite, ulcère de la cornée). Dans tous les cas, une visite chez le vétérinaire est conseillée.

Un bruit fort, soudain et inhabituel ?
Et voilà votre chat sur le qui-vive, les yeux écarquillés, les pupilles dilatées, les oreilles orientées vers la source de bruit, prêt à réagir en cas de danger.

Son regard

Dans une interaction entre le chat et un autre individu, le regard renseigne sur l'intensité de la relation. Il vient renforcer ou atténuer le message renvoyé par les pupilles, les paupières et les autres canaux de communication.

Regard droit dans les yeux : c'est moi, le patron

Je cherche à intimider mon adversaire : si ce dernier n'obtempère pas, votre chat n'hésitera pas à mettre ses menaces à exécution. Si vous voulez faire connaissance avec un chat, évitez de l'inquiéter en le fixant du regard.

Regard détourné : gardons nos distances !

Je suis mal à l'aise ou je cherche l'apaisement face à un rival : votre chat détourne le regard pour retrouver son calme et éviter l'affrontement. Si vous désirez approcher un chat inconnu, regardez-le du coin de l'œil afin de ne pas l'effaroucher.

Bon à savoir

Les personnes qui n'apprécient pas les chats ne les regardent jamais et… les attirent donc involontairement !

Certains chats dégagent une autorité naturelle !

Le regard détourné est une sorte de message diplomatique : « Mes intentions sont pacifiques. »

Ses oreilles

Très mobiles, les oreilles du chat s'orientent dans toutes les directions et localisent avec précision la source du moindre bruit. Sensibles aux fréquences allant de 45 Hz à 64 000 Hz, elles captent des sons inaudibles par l'oreille humaine comme les ultrasons émis par les petits rongeurs. Leur position est un excellent baromètre de l'humeur du chat.

Droites : calme plat

Je suis détendu et calme : votre chat dort, mange, boit, se promène ou fait sa toilette. Détendu, il ne présente aucune émotion particulière.

Droites orientées vers l'avant : tiens, un bruit ?

J'ai capté un bruit particulier dont j'ai localisé la provenance : il peut s'agir du pas d'un humain ou d'un animal, du bruit de ses croquettes, d'un jouet ou des cris d'un petit rongeur. En fonction de la situation, votre chat est prêt à agir.

Quand il est tranquille, le chat garde ses oreilles droites.

Dès qu'un bruit l'intrigue, le chat oriente ses pavillons auriculaires en direction de la source sonore.

Ses oreilles

suite

Couchées sur le côté : tu veux t'battre ???

Je suis stressé ou énervé : il est préférable de laisser votre chat seul pour qu'il se calme. Si vous êtes en train de le soigner ou de le caresser, il est prudent d'arrêter avant qu'il ne se fâche.

Couchées en arrière : attaque en préparation

Je suis apeuré, paniqué : votre chat est prêt à défendre chèrement sa peau. Plus sa peur est intense, plus ses oreilles sont rabattues. En les aplatissant, il n'écoute plus rien, mais par réflexe, il les protège d'un éventuel coup de patte : les oreilles des matous bagarreurs sont souvent constellées de griffures ! Attention : lorsqu'il est paniqué, le chat ne se contrôle plus et ses attaques sont toujours très violentes.
À bon entendeur...

Qu'elles soient orientées sur le côté ou en arrière…

… les oreilles de votre chat vous disent : attention, je ne suis pas à prendre avec des pincettes !

Ses moustaches

Particulièrement visibles et placées de chaque côté du nez sur la lèvre supérieure, les moustaches, ces longs poils sensoriels appelés « vibrisses », sont profondément insérées dans la peau et entourées par de nombreuses terminaisons nerveuses. Sensibles au moindre contact ou mouvement d'air, elles guident le chat dans l'obscurité, l'aident à se faufiler dans des passages étroits et lui permettent d'explorer un objet ou une proie à distance. Grâce à de petits muscles horripilateurs présents à leur base, le chat les oriente, vers l'avant ou l'arrière en fonction de ses états d'âme ou de ses activités. Leur taille et leur aspect varient en fonction des races. Elles sont très longues chez le *maine coon* et souvent absentes chez le *sphynx*.

Écartées en position de repos : relax

Je suis calme, détendu, au repos : rien ne préoccupe votre chat. Il vaque à ses occupations avec sérénité.

En avant : petit curieux

Je suis dans l'action : votre chat renifle un aliment ou une odeur sur son territoire, explore un passage pour en évaluer la largeur, s'amuse avec un jouet, s'approche d'un ami humain ou animal. Plus sa curiosité grandit, plus ses moustaches se projettent vers l'avant.

R.A.S. : votre chat est calme, oreilles droites et moustaches au repos.

La position « moustaches en avant » est caractéristique du chat intéressé par son environnement proche.

Ses moustaches

suite

Légèrement en arrière : prudence…

Je ne suis pas très à l'aise face à une situation inconnue : votre chat efface ses moustaches pour se faire plus discret.

Collées à la figure : au secours !

J'ai peur, je suis prêt à attaquer pour sauver ma peau :
plus ses moustaches et ses oreilles se replient vers l'arrière, plus le risque d'attaque est imminent. Face à un chat dans un tel état, le repli est la meilleure attitude.

Oreilles et moustaches orientées légèrement vers l'arrière sont un signe d'inquiétude.

Acculé, furieux, votre chat arbore son air des mauvais jours, « effaçant » moustaches et oreilles pour découvrir un masque menaçant !

Sa bouche

En dehors de toutes ses vocalisations, le chat n'ouvre la bouche qu'en de rares occasions : pour sortir sa langue et se lécher les lèvres, découvrir ses armes, étirer ses muscles masticateurs et inspirer plus facilement l'air.

Ouverte en permanence : trop chaud ou patraque ?

Je ne supporte pas la chaleur et je halète pour me refroidir : contrairement à nous, les hommes, votre chat transpire très peu. Seul le halètement lui permet d'évacuer efficacement la chaleur. Les chatons et les chats âgés ou malades sont plus sensibles aux températures élevées. Pour leur éviter un coup de chaleur, veillez à ce qu'ils aient toujours de l'eau fraîche à disposition, aérez bien votre habitation et caressez-les avec un gant de toilette humide.

Je souffre d'une affection respiratoire (coryza, épanchement pleural, asthme, œdème pulmonaire…), cardiaque (insuffisance cardiaque) ou sanguine (anémie) : en cas de défaut d'oxygénation du sang, la langue de votre chat s'assombrit. Consultez au plus vite votre vétérinaire.

Ouverte, les dents découvertes : grognon, voire plus…

Je suis en colère ou j'ai peur : votre chat est prêt à se défendre. À mesure que sa peur ou sa colère augmente, il découvre ses dents en signe de menace. Laissez-le tranquille, sinon il va passer à l'attaque…

De ses ancêtres originaires du désert, le chat a gardé une grande sobriété. En cas de grosses chaleurs, installez-lui en plus de sa coupelle d'eau une fontaine à eau pour stimuler sa prise de boisson, surtout s'il est nourri avec des croquettes.

Sa bouche

suite

Grande ouverte : le bâillement

Le chat se réveille, s'apprête à manger ou a subi un stress ou une frustration. Il ouvre complètement sa bouche, comme s'il voulait l'étirer au maximum, découvre ses canines, ferme les yeux et place sa langue en forme de cuillère. Ce bâillement très communicatif est souvent associé à des étirements.

Entrouverte : l'arme secrète, le flehmen

Le chat a repéré des phéromones déposées sur son territoire.
Il flaire la marque, la touche du bout du nez pour l'humidifier, puis entrouvre la gueule, relève sa lèvre supérieure, fronce le museau et inspire à petits coups par la bouche.
Les phéromones sont secrétées par des glandes présentes entre les doigts, autour de l'anus, sur le menton, les joues, le pourtour des lèvres et au niveau des muqueuses de l'appareil urinaire et sexuel.

Hormis les sécrétions des sacs anaux dont l'odeur est très déplaisante, ces sécrétions sont assez discrètes et peu détectables par l'odorat de l'homme. Elles ont la particularité de provoquer, selon leur nature, une réponse spécifique du chat récepteur.

S'il s'agit de phéromones faciales apaisantes, le chat sera rassuré. Face à des phéromones sexuelles, il sera excité. Quant aux phéromones d'alarme, elles éveillent sa vigilance et il se tient sur ses gardes.

Léchage des lèvres : coup de stress

Je suis mal à l'aise face à une situation nouvelle ou inquiétante : votre chat tente d'évacuer son stress en se léchant les lèvres. Si vous êtes en train de le caresser ou de le soigner, interrompez la séance afin qu'il retrouve son calme.

Le regard fixe, la lèvre supérieure relevée, la gueule entrouverte… Votre chat ne vous fait pas un sourire, il aspire l'air par la bouche afin d'analyser à l'aide de son organe voméro-nasal (ou organe de Jacobson) les phéromones présentes dans son environnement.

Sa queue

Partie la plus visible de l'anatomie du chat, la queue est très mobile et souple. Elle se positionne, bouge et se gonfle au gré de ses humeurs. Elle lui sert aussi de balancier pour maintenir son équilibre.

Dressée et lisse : vive la vie !

Je suis joyeux, curieux ou excité : votre chat se frotte sur un endroit de son territoire pour laisser sa marque, vient d'entendre le doux bruit des croquettes dans la cuisine ou aperçoit un ami qui s'approche.

Dressée et tremblante : largage en préparation

Je m'apprête à apposer un marquage urinaire : votre chat tourne son postérieur vers un support vertical (mur, arbre, meuble…), redresse la queue qui se met à trembler, et émet quelques jets d'urine. Il ne s'agit pas d'une miction ordinaire, mais de marquage urinaire. (Voir plus loin.)

Agitée d'amples mouvements : chat m'énerve !!!

Je suis énervé ou agacé : il s'agit d'un premier avertissement. Plus la queue remue rapidement, plus l'excitation de votre chat est grande. Si vous êtes en train de le caresser ou de le brosser, arrêtez immédiatement, avant qu'il ne sorte ses armes !

Queue dressée et lisse : R.A.S.

Queue agitée d'amples mouvements : pas content du tout le matou...

Sa queue

suite

Ébouriffée : t'as vu comme je suis costaud ?

J'ai peur ou je suis en colère : votre chat veut paraître plus gros qu'il n'est et intimider son adversaire. Il est prêt à attaquer si celui-ci n'obtempère pas. L'information est très claire : n'approchez pas, ou alors à vos risques et périls.

Horizontale ou tombante et lisse : RAS

Je n'éprouve pas d'émotion particulière : votre chat vaque à ses occupations quotidiennes.

Basse, pliée sur le côté et lisse : cœur à prendre

Je suis en chaleur : votre chatte positionne sa queue, pour dégager sa vulve. Si un beau matou passe dans les parages, il a toutes ses chances d'assurer sa descendance. (Voir lordose.)

Basse et l'extrémité en l'air : y a un truc qui m'intrigue...

Je suis à l'affût : discret, votre chat avance au ras du sol au plus près de son futur déjeuner. Arrivé à sa portée, il piétine des pattes postérieures et remue légèrement la queue en signe d'excitation, prêt à bondir pour saisir sa proie. (Voir posture basse.)

Repliée sous le ventre : tous aux abris !

J'ai peur, je suis sur la défensive : votre chat tente de se faire plus petit en se rapprochant du sol et en protégeant sa queue sous son corps. Si l'objet de sa peur ne disparaît pas, il se défendra de toutes ses forces.

Pour se faire plus impressionnant, le chat peut hérisser non seulement les poils de sa queue, mais aussi ceux de son dos et de sa nuque.

Queue à l'horizontale, votre chat savoure sa balade matinale.

Une tondeuse ou un aspirateur trop bruyants et voilà votre chat qui se recroqueville face à une menace inconnue.

Sa voix

Certains affirment que les chats savent parler le langage humain, mais pas toujours dans la langue de leur pays d'adoption. Voilà le problème ! Sans aller jusque-là, il est vrai que le vocabulaire du chat est subtil et varié, et ne cesse de s'enrichir avec le temps au contact des humains. Certains chats sont plus loquaces que d'autres. C'est le cas des races orientales, qui ont le verbiage facile, contrairement au *persan*, plus discret. En règle générale, plus le son est aigu, plus l'émotion ressentie est positive ; plus il est grave et guttural, plus elle est négative ; enfin, plus il est intense, plus l'émotion est grande, comme en témoignent les vocalises de la chatte amoureuse ou du chat en colère…

Miaulement « Meeeaou » : si nous causions ?

Je miaule pour dire bonjour, pour solliciter un service ou une faveur, pour protester ou pour demander de l'aide : chaque miaulement a une intonation différente en fonction de sa signification. Seule l'observation attentive de votre chat permet d'en déduire le sens en fonction du contexte.

S'il se frotte à vous, c'est qu'il vous salue. S'il regarde la porte, c'est qu'il vous demande de l'ouvrir. S'il se dirige vers sa gamelle, c'est qu'il veut à boire ou à manger. S'il agite la queue, c'est qu'il est agacé. S'il est seul, perché sur une branche d'arbre, et s'il regarde le sol, c'est qu'il vous appelle à l'aide ! Plus vous écouterez votre chat et répondrez à ses sollicitations, plus vous l'encouragerez à vous parler et développerez son vocabulaire. (Voir rituels.)

Le miaulement est l'arme secrète du chat pour obtenir les faveurs des humains. Impérieux, plaintif, modulé, aigu... le chat sait se faire entendre quand il veut quelque chose !

Sa voix
suite

Ronronnement « Rrrrr » : une palette d'émotions

Bien au chaud, quand je suis un chaton, je ronronne en tétant le sein maternel. Plus tard, couché sur vos genoux, je ronronne de plaisir sous vos caresses : votre chat ronronne de joie en se frottant aux jambes des personnes qu'il apprécie, de satisfaction en découvrant sa pâtée, ou de contentement en se toilettant. Il peut aussi user de ce doux bruit pour manipuler son entourage et obtenir une faveur. Que ne ferions-nous pas pour faire plaisir à notre chat qui nous déclare son amour !

Lorsque je suis malade, cela ne m'empêche pas de ronronner, bien au contraire : dans ce cas, le ronronnement de votre chat aurait un but thérapeutique en accélérant la guérison des tissus.

Feulement « Fffff » et crachement « Ffttt » : qui s'y frotte…

Je tente de maintenir à distance un adversaire et d'éviter le combat : votre chat émet son feulement les dents serrées, la langue recourbée, la bouche ouverte, les lèvres relevées en propulsant rapidement l'air à l'extérieur. Le crachement accompagne le feulement lorsque son adversaire s'approche de trop près, malgré les mises en garde. Il s'agit d'un dernier ultimatum avant l'attaque.

Le chat n'est pas toujours intéressé. À force de le croire, certains rendent leur chat obèse alors qu'une simple caresse accompagnée d'un mot doux suffirait à son bonheur.

Le premier ronronnement est celui que le chat adresse à sa mère au moment de la tétée. Plus tard, le ronronnement sera lié à toutes sortes d'émotions, positives comme négatives.

Sa voix

suite

Claquement de dents « Kkkkk » : oiseau en vue ?

Je suis frustré à la vue, par exemple, d'une proie inaccessible que j'observe derrière une vitre : le claquement de dents de votre chat est souvent souligné par un balancement de sa queue traduisant son excitation. Mieux vaut alors le laisser se calmer avant de l'approcher ou lui proposer un jeu pour qu'il se défoule et se change les idées.

Allo, docteur !

Je me suis fracturé une dent : les fractures dentaires sont souvent la conséquence d'une destruction de la racine dentaire (résorption dentaire). Le traitement consiste à extraire la dent malade.

Cri sexuel « Wwraou » : vertige de l'amour

Je suis en chaleur, je lance des appels pour attirer les matous du quartier : ces plaintes lancinantes sont parfois prises à tort pour des cris de douleur. Le seul traitement efficace pour calmer votre chatte est… la stérilisation. (Voir lordose.)

« Je me le mettrais bien sous la dent, si seulement j'avais une chatière ! » : la chatière, synonyme de liberté, est sans doute le plus beau cadeau et l'une des plus belles preuves d'amour que puisse offrir l'homme à son chat.

La distance interindividuelle de sécurité

La distance interindividuelle de sécurité est la distance que le chat considère comme nécessaire pour maintenir son bien-être et son intégrité physique lorsqu'il rencontre un autre individu. Cette distance varie en fonction de leur relation et de l'état physique et mental du chat. Elle définit l'espace péripersonnel de l'animal, une sorte de bulle de sécurité dont le franchissement peut déclencher la fuite, une réaction défensive ou une sidération si aucune échappatoire n'est possible. Plus le chat sera détendu et la relation intime, plus cette distance sera réduite.

Aucune distance : en confiance

Je suis en bonne santé, détendu et confiant : votre chat est en présence de ses amis (humains ou animaux). Il sait qu'il ne craint rien, et accepte avec plaisir le contact et les caresses. Plus le chaton aura été caressé dans sa tendre enfance, plus il appréciera les câlins.

Lorsque chat et chien ont été élevés ensemble, une véritable intimité peut s'installer entre eux. Mais cet amour interspécifique n'est pas généralisable.

La distance inter-individuelle de sécurité

suite

Quelques centimètres et plus : de l'inquiétude à la douleur

Je suis en présence d'un prédateur ou d'une personne que je ne connais pas : la prudence de votre chat le conduit à rester à une distance raisonnable. Si, lorsque vous vous en approchez, il s'éloigne, c'est qu'il ne souhaite pas interagir avec vous. S'il reste sur place ou, mieux, s'avance, c'est qu'il est intéressé et qu'il aimerait bien faire connaissance. Attention, si votre chat ne peut pas fuir et que vous franchissez sa distance de sécurité, sa réaction peut être très violente.

Je suis anxieux : mal dans sa peau, votre chat ne supporte plus les contacts physiques. S'il vient sur vos genoux et que vous le caressez, il manifeste sa mauvaise humeur en remuant la queue. Arrêtez alors immédiatement les caresses, au risque de le mettre en colère.

Allo, docteur !

Je suis malade ou blessé à la suite d'une chute ou d'un accident de la voie publique : hypersensible, votre chat ne supporte plus le contact physique. Pour le transporter, approchez-vous doucement et entourez-le d'un linge épais afin de ne pas vous faire mordre ou griffer.

Pour se sentir en sécurité votre chat doit disposer de refuges en hauteur d'où il peut observer discrètement et sans danger son territoire.

Ses postures

La posture est la silhouette générale du corps. Elle donne une première impression des sentiments du chat, qui doit être confirmée par l'observation d'autres canaux de communication. En règle générale, plus le chat a confiance en lui, plus sa silhouette augmente de hauteur et de volume ; moins il est sûr de lui, plus elle diminue de hauteur et de volume.

Posture basse : chat couché

Je me repose sur mon coussin : couché de tout son long ou enroulé sur lui-même, les yeux mi-clos, votre chat est parfaitement serein.

Je suis détendu et confiant : il se couche sur le dos, présente son ventre, les griffes rentrées tout en ronronnant. Si vous voulez lui caresser le ventre, allez-y doucement (la plupart des chats n'apprécient pas) et arrêtez au moindre signe de mécontentement (balancement de la queue, dilatation des pupilles, mouvement des oreilles vers l'arrière).

Je somnole, j'ai mal ou je suis déprimé : votre chat reste immobile, sans dormir, les yeux mi-clos, les pattes repliées sous le corps en position de prière. S'il vient d'être opéré ou souffre, il peut avoir les oreilles légèrement couchées sur le côté et bouge le moins possible pour ne pas réveiller sa douleur.

Certains chats dorment allongés sur de confortables coussins, d'autres en équilibre sur l'appui de fenêtre ou en boule au milieu du linge dans le tambour de la machine à laver : à chacun son style et son goût du risque !

En matière de caresse sur le ventre c'est l'homme qui propose, mais c'est toujours le chat qui décide. À vos risques et périls !

Ses postures

suite

Je suis sur la défensive : votre chat se couche sur le flanc puis sur le dos, les pupilles dilatées, la gueule ouverte, les crocs découverts, les griffes sorties, les oreilles basses ; ce n'est pas en signe de soumission, tel un chien, ou pour réclamer une caresse sur le ventre, mais pour envoyer un dernier avertissement avant de bondir sur son ennemi.

Je suis en train de chasser : votre chat avance au ras du sol pour se faire le plus discret possible et ne pas effrayer sa proie, la tête basse tendue vers l'avant et les yeux grands ouverts, les pupilles dilatées, le regard fixé sur son objectif.
Arrivé à portée de celui-ci, il s'arrête, redresse légèrement son postérieur, se met à piétiner le sol des pattes postérieures pour rechercher les meilleurs appuis, et remue la queue en signe d'excitation. Il saute enfin sur sa proie, toutes griffes dehors, et la saisit avec ses pattes antérieures. Si votre chat adopte cette posture à votre retour du travail, faites attention à vos chevilles : il pourrait bien les confondre avec une souris ! (Voir agression de prédation.)

Je suis terrorisé : il fait le mort, rentre ses armes, se recroqueville, baisse les paupières pour calmer son adversaire et éviter la bagarre. Cela ne l'empêchera pas, si sa vie est menacée, de passer à l'attaque.

Cette position, toute en tension, à ne pas confondre avec celle de la page 47, n'a rien d'une invitation, comme le signalent la position des oreilles et les griffes sorties...

Tapi, prêt à bondir, frémissant d'excitation, votre chat rassemble toute son énergie pour bondir sur sa proie.

Ses postures

suite

Posture haute : la tension monte

Je suis prêt à attaquer : votre chat tente d'impressionner son adversaire pour le faire reculer et éviter la confrontation. Il a les pattes raides et le dos rond afin de paraître plus grand. Son poil est ébouriffé pour augmenter son volume. Il se déplace en crabe, la tête enfoncée dans les épaules, la queue hirsute, les pupilles rétrécies focalisées sur son rival et les oreilles couchées sur le côté. Il feule sur son adversaire, la gueule ouverte et les dents découvertes. Également appelée « gros dos », cette posture est typique du chat qui défend son territoire.

Lordose : saison des amours

Je suis en chaleur et prête à m'accoupler : votre chatte vocalise, se roule sur le dos, se frotte aux objets et aux individus, devient plus câline, moins farouche envers les mâles et fait parfois du marquage urinaire. Au moindre effleurement du bord postérieur de ses cuisses, elle s'accroupit de l'avant, relève sa croupe et creuse son dos au niveau des lombes (lordose). Elle piétine des pattes postérieures et place sa queue sur le côté. Si la stimulation vient d'un beau matou, il l'immobilise en lui saisissant la nuque, la chevauche, puis la pénètre.
Son pénis garni de multiples papilles cornées stimule la paroi vaginale et déclenche l'ovulation de la femelle. Lorsqu'il se retire, la femelle pousse un cri, se retourne et peut griffer son partenaire.

Beaucoup de chats furieux perdent de leur superbe lorsque qu'ils adoptent cette marche en crabe caractéristique... Il faut dire que leur objectif est plus d'intimider que de séduire.

Des miaulements, un piétinement des pattes postérieures, le dos creux avec la queue déviée sur le côté : aucun mâle ne peut résister à une telle invitation !

L'état de sa fourrure

Le toilettage occupe environ un tiers du temps d'éveil du chat ! Il lui permet de maintenir son pelage propre et brillant, de réguler sa température corporelle grâce à l'évaporation de sa salive et de produire des endorphines, les fameuses hormones du bien-être. Tout défaut ou excès de toilettage a des répercussions immédiates sur la fourrure du chat.

Défaut de toilettage : négligé ?

Je suis dépassé par le travail à accomplir !

Si votre chat est à poils longs, en particulier s'il s'agit d'un persan, il est incapable d'entretenir seul sa fourrure. Un brossage quotidien est indispensable. En l'absence d'aide extérieure, ses poils se collent, s'emmêlent et forment des nœuds inextricables. La tondeuse est alors la seule solution !

Allo, docteur !

J'ai des douleurs articulaires ou je suis obèse : votre chat manque de souplesse et ne peut pas atteindre tous les endroits de son corps. Des amas de poils se forment dans le bas de son dos et à l'arrière de ses cuisses. Le pourtour de son anus est sale. Consultez votre vétérinaire, un régime strict en cas d'obésité ou un traitement anti-inflammatoire en cas d'arthrose peuvent le soulager.

Je suis malade ou déprimé : votre chat perd le goût de vivre et se laisse aller. Sa fourrure devient sale et perd de sa brillance. Consultez sans attendre le vétérinaire pour un bilan de santé.

Un chat en bonne santé fait sa toilette plusieurs fois par jour, à grands coups de langue râpeuse. Cela ne doit pas vous empêcher pour autant de le brosser régulièrement pour lui éviter une indigestion de poils morts.

L'état de sa fourrure

suite

Excès de toilettage : super maniaque ?

Je suis infesté de puces : votre chat passe son temps à se toiletter le bas du dos et l'intérieur des cuisses pour éliminer les parasites. Son poil est clairsemé, sa peau est rouge et recouverte de croûtes. L'inspection de sa fourrure permet parfois de découvrir des puces courant entre les poils, mais son comportement de toilettage limite les chances d'en trouver. Il faut alors rechercher leurs crottes de couleur brune en forme de petites virgules ou de spirales, témoins irréfutables de leur passage. Il suffit pour cela de poser votre animal sur une surface blanche et de le brosser : les crottes de puce tombent, bien visibles.

Je suis anxieux : votre chat essaie d'éliminer sa tension émotionnelle en se toilettant. À force de se lécher, de larges zones sans poils apparaissent sur le bas de son ventre, la face postérieure de ses cuisses ou sur ses flancs, mais sa peau reste saine. Cette perte de poils est souvent associée à d'autres signes d'anxiété (agression, marquage, malpropreté, boulimie...).

Les puces immatures affectionnent les intérieurs garnis de tapis, cousins, plaids... qu'il faut systématiquement traiter en cas d'infestation.

Le marquage urinaire

Le marquage urinaire est un marquage à la fois visuel (par le dépôt d'un spot urinaire visible) et olfactif (par la présence de phéromones dans les urines). Les marques urinaires attirent les autres chats, activent le flehmen, favorisent le dépôt de projection d'urine… et dépriment souvent les maîtres quand elles sont déposées dans la maison !

Marquage urinaire sexuel : love, love, love

Je recherche un partenaire sexuel : votre chat s'approche d'un support vertical (arbre, poteau, chambranle d'une porte, meuble, mur…), le flaire, se frotte la joue pour déposer des phéromones faciales, se retourne, dresse sa queue qui se met à frétiller et… projette un jet d'urine horizontal. Les urines émises contiennent des phéromones sexuelles. Elles informent les chats en âge de se reproduire de la présence d'un partenaire sexuel ouvert à toutes les propositions. Un peu comme une petite annonce passée sur Meetic, Attractive World ou Easyflirt !

Bon à savoir

Le marquage urinaire sexuel est activé au moment de la puberté sous l'influence des hormones (androgène, œstrogène). Chez la femelle, il a lieu pendant la période des « chaleurs », et chez le mâle, il est stimulé par la présence de femelles en chaleur. Il est plus fréquent chez les mâles entiers que chez les femelles. Ce comportement naturel est supprimé par la stérilisation.

Inutile de vous énerver sur votre chatte en chaleur ou votre chat en quête de partenaires : le marquage urinaire sexuel est un comportement inné. Pensez plutôt à la stérilisation.

Le marquage urinaire
suite

Marquage urinaire de contrariété : un signal d'alarme

Je suis stressé à la suite d'une modification de mon environnement : déménagement, changement de mobilier, nettoyage excessif de l'habitation, travaux de rénovation, modification d'horaires, arrivée d'un nouvel animal, surpopulation…
Votre chat extériorise son mal-être en répandant ses urines dans son lieu de vie.

Ce marquage se différencie du marquage urinaire sexuel par la présence de phéromones d'alarme et l'absence préalable de marquage facial. C'est une réaction normale de votre chat face à une situation stressante. Même si vous le prenez sur le fait, ne le punissez pas : vous ne feriez qu'aggraver les choses. Essayez de trouver et d'éliminer la cause de son mécontentement. Et pour le rassurer, utilisez des phéromones apaisantes sous forme de diffuseur à placer dans la pièce principale et/ou de spray à appliquer sur les marques urinaires préalablement nettoyées à l'eau vinaigrée. Si cela ne suffit pas, consultez votre vétérinaire.

Éliminer les causes de stress, aménager l'environnement et utiliser des phéromones suffisent souvent à lui faire retrouver le chemin de sa litière !

Le marquage facial

Le marquage facial est un marquage apaisant. Il s'effectue grâce à des glandes situées au niveau des tempes, du menton, des lèvres, du museau et des joues. Il est impliqué dans l'organisation territoriale et dans les échanges sociaux : le chat peut ainsi marquer sa panière, la porte de la maison aussi bien que la main qui le caresse.

Allomarquage : ami, ami

Heureux et détendu, je vais à la rencontre d'un ami humain ou animal : votre chat se frotte la tête sur cet ami afin de le marquer de phéromones apaisantes. Ce marquage a un effet rassurant, car il lui permet de reconnaître les individus qui font partie de son groupe de familiers. Il s'estompe avec le temps et doit être renouvelé régulièrement.

Marquage facial territorial : tour du propriétaire

Je me promène sur mon domaine, décontracté et calme : votre chat se frotte les joues, les lèvres ou le menton sur les endroits saillants de son territoire (meubles, chambranles des portes, pieds de chaise, canapé, arbres, abri de jardin…). Les phéromones qu'il dépose l'apaisent, le sécurisent et facilitent son orientation.
Leur disparition après un déménagement ou un changement de mobilier est déstabilisante pour lui et peut déclencher du marquage urinaire (voir marquage urinaire de contrariété).

Chats et chiens en confiance pratiquent « l'allomarquage » amical.

Vos meubles sont comme des balises sécurisantes que votre chat réactive régulièrement.

Le marquage provoqué par la peur

En cas de peur ou de stress violent, le chat se met à transpirer des coussinets et à expulser le contenu de ses glandes anales. Il s'agit d'une réponse réflexe, qu'il ne peut contrôler ! Si la transpiration passe souvent inaperçue, l'odeur très déplaisante des glandes anales ne laisse jamais indifférent… Dans tous les cas, ces traces n'en sont pas moins porteuses d'informations alarmantes si un autre chat les perçoit.

Marquage podal : pattes moites

Je suis apeuré ou stressé : votre chat se trouve dans une situation inconfortable dont il voudrait bien s'extirper, comme lorsqu'il est sur la table d'examen du vétérinaire. Il transpire de peur et laisse de légères traces sur la table. Celles-ci contiennent des phéromones d'alarme sécrétées par les glandes sébacées et sudoripares situées entre les doigts. Elles avertissent les autres chats qu'il vaut mieux éviter l'endroit.

Bon à savoir

Ce marquage est à distinguer des marques de transpiration laissées par le chat en cas de grandes chaleurs. Ses seules glandes sudoripares sont situées au niveau plantaire. Dans ce cas, la transpiration des coussinets est associée à un halètement (voir bouche) qui lui permet d'évacuer la chaleur.

Vous avez les mains moites lors de rendez-vous importants ? Lui, ce sont ses coussinets humides qui traduisent son émotion !

Le marquage provoqué par la peur

suite

Marquage par les glandes anales : SOS

Je suis pétrifié de peur : votre chat vide sous le coup de l'émotion ses glandes anales, ou sacs anaux, qui se répandent à l'extérieur. Il s'agit de deux petites poches situées de chaque côté de l'anus qui débouchent dans le rectum grâce à deux canaux excréteurs. Ces glandes produisent un liquide brunâtre plus ou moins épais, riche en phéromones d'alarme qui témoignent du stress ressenti par votre animal. Ce marquage à l'odeur nauséabonde ne passe jamais inaperçu au nez des humains !

Lorsque sous l'effet de la peur, votre chat vide ses glandes anales, il signale du même coup à ses congénères que l'endroit est à éviter.

Les griffades

Véritables couteaux suisses multifonctions, les griffes servent au chat à grimper, chasser, se défendre, marquer son territoire, mais aussi à faire des étirements. Elles poussent en permanence et sont entretenues régulièrement sur différents supports : tronc d'arbre, canapé du salon, griffoir en carton… dans le meilleur des cas !

Marquage territorial : ici, c'est chez moi !

Je suis excité et je revendique ma propriété : votre chat choisit un endroit bien visible, vertical (arbre, poteau, tapisserie, mur, meuble…), plante ses griffes de devant puis ramène ses pattes vers le sol en lacérant le support. Il effectue ainsi un marquage visuel et phéromonal grâce au dépôt de phéromones podales qui indiquent sa présence sur les lieux.

Ces griffades sont pratiquées près des aires d'isolement (lieu d'élimination, de repos ou de refuge) et de chasse lorsque le gibier se fait rare. Elles entraînent chez les autres chats un évitement de la zone balisée. Elles permettent également à votre chat d'aiguiser ses griffes en éliminant les anciens étuis cornés. Les griffades sont d'autant plus fréquentes que votre animal est anxieux, à la suite d'un déménagement, à l'arrivée d'un intrus sur son territoire, en cas de surpopulation féline ou parce qu'il n'a pas accès à l'extérieur.

Partir à l'assaut des rideaux, lacérer les accoudoirs du canapé, labourer le meuble en bois de la cuisine… *Et si vous lui proposiez un griffoir ?*

Les griffades

suite

Étirement : réveil musculaire

Après une bonne sieste, je pratique une séance de réveil musculaire : votre chat bâille, puis, le menton au ras du sol, le derrière relevé et le dos creusé, il étire ses pattes antérieures. Une fois cette mise en jambes terminée, il ramène ses pattes antérieures en position verticale, se penche en avant et, le dos bien aplati, étire une à une ses pattes postérieures. Ces étirements lui permettent de s'échauffer, d'éviter les courbatures, de parfaire sa musculature, d'assouplir ses articulations et d'aiguiser ses griffes en éliminant les anciens étuis cornés. Les marques laissées par ces dernières sur le support (tapis, paillasson, fauteuil…) au cours de ses étirements n'ont aucune valeur de signal pour les autres chats.

Bon à savoir

Si le chat ne peut pas sortir, ce comportement naturel devient vite une cause de discorde. Surtout si le chat s'attaque au canapé en cuir ou à la tapisserie de l'entrée ! Pour éviter cela, proposez-lui plusieurs griffoirs en carton ou en sisal bien stables, de préférence verticaux, et disposez-les aux endroits de passage et près de ses lieux de repos.

En sportif averti, votre chat étire ses muscles après une bonne sieste histoire de s'échauffer en douceur avant de partir chasser.

Les contacts corporels

Le toucher est le premier moyen de communication à se développer chez toutes les espèces animales. Il intervient tout au long de la vie du chat : dans l'enfance avec sa mère qui lui fait sa toilette à grands coups de langue, au moment de la reproduction avec son partenaire, et durant toute son existence avec les individus humains ou animaux qu'il côtoie. Dans notre société occidentale, hors de la sphère intime, le toucher est souvent tabou. En recherchant et acceptant les contacts corporels avec l'homme, le chat comble un véritable manque et déclenche dans le cerveau de celui qu'il touche la libération d'ocytocine, encore appelée « hormone du plaisir ». Pas étonnant qu'il ait tant de succès auprès des humains !

Contact nez à nez : confiance totale

Je suis avec un ami : votre chat témoigne ainsi son attachement. Ce baiser « esquimau » est une preuve d'amitié fréquente entre chats. Il l'est moins avec les humains, à cause de la différence de taille qui ne facilite pas le contact. Si vous dormez avec votre chat, vous aurez peut-être droit au réveil à ce baiser fort sympathique.

Lorsqu'il est en confiance, un chat peut manifester son attachement par des « bisous esquimau » accompagnés parfois de quelques coups de langue amicaux !

Les contacts corporels

suite

Pétrissage : plaisir régressif

Je suis heureux, couché bien au chaud sur les genoux d'un être cher : votre chat enfonce l'une puis l'autre de ses pattes antérieures sur votre ventre, les doigts étendus et les griffes plus ou moins rentrées, puis, une fois ce petit pétrissage effectué, il s'endort sur vos genoux, la tête blottie contre vous. Ce rituel provient du temps où il était bébé et malaxait les mamelles maternelles pour activer la montée de lait avant la tétée.

Léchage : ami pour la vie

Je suis en compagnie d'un individu que j'affectionne : s'il s'agit d'un autre chat, le léchage est mutuel. Associé à l'allomarquage, ce petit cérémonial renforce les liens sociaux. Il a également une fonction pratique en permettant à votre chat de maintenir propres certaines zones, comme la tête et le cou, qu'il peut difficilement atteindre tout seul. Sa langue, telle une râpe, est recouverte de nombreuses petites excroissances dirigées vers l'arrière. Son contact avec la peau humaine n'est pas toujours agréable, mais ne lui en voulez pas : cela part d'un bon sentiment !

Lors des séances de « pétrissage » ou « patounage », le chat accroche parfois avec ses griffes le tissu qu'il pétrit. Excusez-le, il ne maîtrise pas toujours son émoi.

La langue du chat est hérissée de papilles cornées pratiques pour détacher la viande des os et nettoyer sa fourrure… mais inadaptées à la peau fine des humains.

Les contacts corporels

suite

Frottement : on se comprend

Je suis détendu et de bonne humeur en présence d'un familier : votre chat marche droit sur ses pattes, les oreilles dressées, la gueule fermée, la queue verticale, et frotte en ronronnant sa tête et son flanc contre vous pour vous marquer de ses phéromones apaisantes (voir allomarquage), mais aussi pour le plaisir du contact. C'est un peu sa façon à lui de faire des caresses. Avec le temps, ce contact amical, lorsqu'il s'adresse à un humain, peut signifier une demande particulière : nourriture, ouverture de porte, caresse… Plus le chaton aura été caressé tôt, même lorsqu'il était encore dans le ventre de sa maman, plus il appréciera les caresses et en redemandera. Raison de plus pour ne pas vous en priver !

Bon à savoir

En matière de caresses, le chat a ses préférences : derrière les oreilles, sous le menton et sur le dos, vous avez tout bon. En revanche, il apprécie rarement celles à la base de la queue et sur le ventre.

Fouissement : gros câlin !

Je suis heureux, confiant, en compagnie d'un être cher : votre chat enfonce sa tête dans le creux de votre bras et se love sur vos genoux avant de piquer un roupillon. Comme le pétrissage, ce petit rituel provient d'un comportement infantile qui consiste à ramper jusqu'au sein maternel, chaud et mou, pour se réchauffer et trouver une tétine nourricière.

Certains chats particulièrement « pots de colle » sautent sur leur maître dès que celui-ci s'assoit et cherchent à s'enfoncer au creux de ses bras pour une petite sieste douillette.

Les agressions

Seul dans la nature, le chat a peu d'occasions de sortir ses griffes, si ce n'est pour chasser (mais il ne s'agit pas vraiment d'une agression au sens propre du terme), pour écarter des rivaux sexuels et pour défendre son territoire. En vivant au côté des humains, les frustrations et les mauvaises conditions de vie qu'il peut subir augmentent le risque de passage à l'acte.

Agression territoriale : défense d'entrer !

Je n'accepte pas qu'un intrus s'introduise sur mon territoire : votre chat feule, crache, adopte une posture haute, la queue ébouriffée, les yeux écarquillés. Il est prêt à passer à l'attaque si sa tentative d'intimidation ne suffit pas. Ce type d'agression est fréquent en ville, où la surpopulation féline règne et où le mètre carré de territoire est très convoité.

Agression par peur : trop près !

Je me sens menacé, sans possibilité de fuite, face à un individu qui a franchi ma distance de sécurité : en position basse, les oreilles plaquées en arrière, les pupilles dilatées, votre chat feule pour impressionner son adversaire. Incapable de se contrôler, tenaillé par la peur, il vide ses glandes anales, urine ou défèque sous lui. Si l'individu s'approche malgré les menaces, l'attaque est toujours très violente.

Les jardins sont souvent le théâtre de bruyants affrontements de matous qui se terminent parfois par des oreilles déchirées et de cruelles morsures.

Les agressions

suite

Agression par irritation : stop !

Je n'apprécie plus une séance de caresses, je ne supporte plus un soin désagréable (nettoyage d'oreille, brossage, changement de pansement) ou tout simplement je suis fatigué ou mal dans ma peau et je souhaite avoir la paix : les oreilles de votre chat s'inclinent sur le côté, ses pupilles se dilatent, il remue la queue en signe d'énervement, lance la patte en signe d'avertissement et peut se mettre à feuler. S'il passe aux représailles (griffures, morsures), l'agression est contrôlée et s'arrête dès que la cause de son courroux disparaît. Lorsque vous caressez votre chat, apprenez à vous arrêter immédiatement au moindre signe d'énervement : vous y gagnerez des rapports sereins !

Agression par prédation : comme un tigre

J'ai vu une proie réelle ou imaginaire et je me jette sur elle pour la capturer : votre chat a le corps ramassé, les pupilles dilatées, et il bondit brutalement sur sa proie pour l'attraper et la mordre. S'il s'agit d'une souris ou d'un jouet, rien de plus normal. Mais lorsqu'il s'agit des mollets ou du bras d'un humain, la surprise est totale ! Cet accès de violence s'explique bien souvent par des conditions de vie inadaptées : chat vivant en espace clos, sans activité, nourri deux fois par jour… Si votre chat se transforme en tigre, parlez-en à votre vétérinaire, il vous aidera à trouver les raisons de cette soudaine mutation et lui prescrira le cas échéant un traitement médical.

Il est normal que votre chat se prenne pour un tigre face à un jouet ou une proie, mais pas face à vos mollets !

L'usage de sa litière

Quand tout va bien, le chat urine dans sa litière. Mais quand il est perturbé, sa légendaire propreté peut laisser à désirer… Pour comprendre les raisons de son mal, il faut d'abord savoir s'il urine simplement au mauvais endroit ou s'il s'agit d'un marquage urinaire. Dans le cas d'une miction au mauvais endroit, le chat urine accroupi, en grande ou en petite quantité (en cas de cystite), la queue à l'horizontale sur un support horizontal. Dans le cas d'un marquage urinaire, il urine debout, en petite quantité, la queue à la verticale sur un support vertical. Les raisons du marquage urinaire ont été traitées dans les pages précédentes, voyons ici les raisons de la malpropreté.

Malpropreté : chat cra-cra ?

Je n'ai pas appris les bonnes manières avec ma maman :
votre chat ne l'a pas connue, a été séparé trop tôt d'elle ou a toujours vécu sans litière. Pour lui apprendre le savoir-vivre avec les humains, maintenez-le dans une petite pièce au sol carrelé (facile à nettoyer), avec un bac ouvert rempli de litière propre, ses gamelles et son panier. Naturellement, il préférera se soulager dans la litière plutôt que sur le carrelage inconfortable… Dès qu'il aura appris à l'utiliser, laissez-lui l'accès au reste de votre habitation.

Lorsqu'ils ont été bien éduqués par leur mère puis bien accueillis par leur famille humaine, la majorité des chats sont « propres », c'est un peu leur marque de fabrique !

L'usage de sa litière

suite

Je n'aime pas mes toilettes : la litière de votre chat est peut-être difficile d'accès, placée à côté de sa gamelle, située dans un endroit de passage, mal entretenue, au parfum désagréable, pas assez épaisse, ou il doit la partager avec d'autres congénères. Autant de raisons de mécontentement félin ! Pour lui faire aimer son bac, placez-le dans un coin facile d'accès, isolé, sécurisé, éloigné de ses aires de repos, de jeux et d'alimentation (minimum 2 mètres), et maintenez-le propre. Si vous avez plusieurs chats, mettez-leur à disposition un bac de plus que d'animaux. Et pour le dissuader définitivement de faire en dehors de son bac, nettoyez les traces d'urine à l'eau vinaigrée et placez une gamelle de croquettes, un meuble ou un pot de fleurs à l'endroit du forfait.

Je me rappelle un mauvais souvenir quand j'utilise mon bac : votre chat a eu peur ou a ressenti une douleur alors qu'il s'y trouvait, et associe ce désagrément à son usage. Le bac doit être une zone protégée où votre chat ne doit sous aucun prétexte être importuné et surtout ne jamais y être mis de force.

En cas de pipi « hors zone » les deux premières questions importantes à se poser sont : « Son bac est-il régulièrement entretenu ? » « Est-il au calme et facilement accessible ? »

L'usage de sa litière

suite

Je suis mécontent : votre chat ne supporte pas l'arrivée d'un nouveau locataire, n'aime pas sa nouvelle pâtée, ne s'habitue pas au changement des horaires des repas, n'a pas apprécié la punition qu'il a reçue... En général, il urine sur des objets bien particuliers : sous-vêtements, chaussures, drap de lit... Pour nettoyer les urines, utilisez une solution d'eau et de vinaigre blanc : surtout pas d'eau de Javel, dont il affectionne l'odeur et qui stimule le marquage !

Allo, docteur !

Je suis malade : votre chat ne peut pas se retenir ou n'a pas la force d'aller dans son bac. Si toutes les conditions sont réunies pour son confort, avant de l'accuser de mauvais esprit, il est impératif de consulter un vétérinaire. Il écartera les différentes causes médicales possibles, comme une affection de l'appareil urinaire, un diabète qui entraîne une augmentation de la prise d'eau et des mictions, ou une crise d'arthrose, fréquente chez le vieux chat et qui rend l'accès à la litière douloureux... Prenez le temps de bien analyser la situation. Il faut souvent faire une enquête minutieuse pour comprendre ce qui peut perturber sa propreté.

Il va de soi qu'un chat malade n'a pas toujours la force
ou le temps d'aller dans sa litière.

Son appétit

L'appétit du chat est régulé par le cerveau. Celui-ci reçoit par voie nerveuse et hormonale des informations lui permettant d'adapter sa consommation alimentaire à ses besoins. Le mode de distribution alimentaire, la qualité de l'aliment, l'humeur du chat et son état de santé peuvent dérégler cette belle mécanique et conduire à une perte ou à une augmentation de l'appétit. Aujourd'hui, plus de 25 % des chats souffrent d'une surcharge pondérale.

Perte d'appétit : d'amour et d'eau fraîche ?

Je suis amoureux : votre chat préfère courir après les minets ou les minettes plutôt que de perdre son temps à manger. Plus il aura de réserves, plus il pourra facilement sauter des repas. La stérilisation supprime radicalement cette envie irrépressible d'aventures amoureuses et la cohorte de désagréments qui lui sont liés.

Je mange ailleurs : votre chat n'a pas du tout perdu l'appétit, mais a fait connaissance avec les voisins… chez qui la table est meilleure ! Une petite enquête de voisinage suffira à confirmer votre intuition.

Les matous oublient parfois de se restaurer quand ils ne sont pas stérilisés et pensent avant tout à la pérennisation de l'espèce.

Son appétit
suite

Je fais le difficile : votre chat n'apprécie pas le nouvel aliment que vous venez de lui acheter, et il boude son assiette. Il a une réputation à tenir ! Redonnez-lui ce qu'il aime et tout rentrera dans l'ordre.

Allo, docteur !

Je suis malade : votre chat est déprimé, fiévreux (température supérieure à 39 °C), souffre d'une affection dentaire, d'une maladie de l'appareil digestif, d'une occlusion ou est atteint d'une affection chronique (insuffisance rénale chronique, diabète sucré à un stade avancé, cancer...). Une consultation vétérinaire et des examens sanguins sont indispensables pour confirmer le diagnostic.

Bon à savoir

Attention, surtout chez le chat obèse, une anorexie prolongée peut entraîner des complications hépatiques. Si au bout de 48 heures votre chat refuse toujours de manger, consultez un vétérinaire.

Soyez vigilant : toute variation de l'appétit est un indicateur de la santé de votre chat.

Son appétit

suite

Augmentation de l'appétit : trop faim !!!

Je suis gourmand : votre chat est addict à ses nouvelles croquettes d'autant plus qu'il n'a pas beaucoup d'occupations. Et en plus, il en a à volonté ! Calculez précisément la dose de nourriture qui lui est nécessaire et répartissez-la sur toute la journée. Et n'oubliez pas non plus de lui fournir des distractions…

Je suis boulimique : votre chat est anxieux et trouve un apaisement dans la nourriture. Laissez-lui des croquettes en permanence à disposition tout en contrôlant la quantité consommée. Rendez-lui la vie plus belle en aménageant son environnement et en lui offrant des divertissements en votre absence.

Je suis sous traitement médical : votre chat prend des médicaments (corticoïde, pilule contraceptive) qui augmentent l'appétit.

Allo, docteur !

Le chat est malade. Il souffre de parasitisme digestif, de diabète ou d'hyperthyroïdie surtout s'il est âgé. Une analyse de selles et de sang confirmera le diagnostic.

Bon à savoir

Un chat est considéré comme en surpoids quand son poids corporel dépasse de 10 % son « poids corporel idéal » (poids de forme en fin de croissance). Il est obèse quand son poids est supérieur de plus de 20 % à son « poids corporel idéal ». Si c'est le cas de votre chat, n'attendez pas pour consulter le vétérinaire et le mettre au régime : l'obésité est source de nombreuses maladies.

De l'exercice et des repas équilibrés : l'idéal pour vous comme pour votre chat !

Son appétit

suite

Vol de nourriture : cha-pardage

Je suis affamé : votre chat ne reçoit qu'un repas le matin et le soir, et son ventre crie famine le reste du temps. Pour que tout rentre dans l'ordre, offrez-lui plusieurs petits repas par jour ou, s'il est raisonnable, une alimentation en libre service.

Je craque pour un mets que j'adore : pardonnez-lui ; votre chat est un prédateur opportuniste, ne l'oubliez pas ! Il est incapable de résister à la tentation. Pour qu'il ne récidive pas, pensez à ne pas laisser de nourriture traîner sur la table.
Ou, si vous êtes très permissif, laissez-la pour lui octroyer le plaisir de la chaparder.

Bon à savoir

Votre chat appréciera d'avoir des croquettes à disposition en permanence ou plusieurs petits repas par jour. En effet, il aime grignoter et peut prendre jusqu'à 16 en-cas par jour. Veillez toutefois à le peser régulièrement afin d'adapter la quantité distribuée à ses besoins et d'éviter la prise d'embonpoint, surtout s'il est stérilisé.

Si vous n'aimez pas les chapardeurs, évitez de tenter le diable en laissant traîner de la nourriture sur la table de la salle à manger ou sur les plans de travail de la cuisine.

Les rituels : votre langage commun

Un rituel est un comportement détourné de son objet initial pour devenir un message. Inévitablement, en vivant à côté d'un humain, le chat met en place des rituels pour communiquer avec lui. Il le lèche pour le réveiller, monte sur le lavabo pour qu'il lui ouvre le robinet, lui pousse la main avec le nez pour avoir un câlin, gratte la porte pour obtenir son ouverture, miaule devant la porte du réfrigérateur pour avoir à manger…

Tous mes comportements peuvent se ritualiser : il suffit pour cela de les « récompenser » par une caresse, une parole d'encouragement, de la nourriture… Si votre chat obtient des caresses chaque fois qu'il fait le beau, il aura vite fait d'adopter ce comportement chaque fois qu'il voudra avoir un câlin. Ce comportement prend alors la signification pour lui de : « Fais-moi un câlin. »

Attention aux rituels gênants : n'encouragez pas involontairement votre chat dans cette voie sous peine de devoir en assumer les conséquences. En le récompensant par la distribution de nourriture lorsqu'il vient vous miauler dans les oreilles à 3 heures du matin, ne vous étonnez pas qu'il y prenne goût.
Face à un tel abus de pouvoir, la solution sera alors de lui laisser des croquettes à disposition et de ne plus répondre à ses sollicitations nocturnes. Il insistera plus ou moins longtemps, mais finira par abandonner.
Le tout sera d'être plus têtu que lui !

Il vous réveille la nuit pour partir en vadrouille ?
Installez-lui une chatière ou faites chambre à part !

Les rituels : votre langage commun

suite

Certains comportements ritualisés comme le fouissement (ou rooting reflex) et le pétrissage proviennent de ma tendre enfance : ils ont perdu pour votre chat leur fonction première (la recherche d'une tétine nourricière et la stimulation de la montée de lait) pour devenir des messages de bien-être.

Ces rituels me rendent la vie plus agréable et renforcent ma complicité avec les humains : leur nombre est illimité, vous et votre chat pouvez en inventer à volonté. Chaque rituel est unique et n'a de sens que dans une seule famille. C'est ce qui rend la relation avec votre chat unique et irremplaçable. Cette communication est essentielle à son bien-être et à son intégration dans sa famille de cœur.

Les rituels sont autant de petits plaisirs partagés qui rythment notre vie
et font du chat la véritable âme de la maison.

Conclusion

Maîtriser le langage du chat, c'est avant tout savoir reconnaître ses émotions.

C'est aussi une condition *sine qua non* pour entamer avec lui une relation longue et durable. Grâce à l'« empathie féline » acquise au fil de votre lecture, votre chat n'aura pratiquement plus de secrets pour vous… Mais il faut bien qu'il en garde un peu, sinon ce ne serait plus un chat !

Vous partagerez ses angoisses, ses peines, ses joies, ses envies, et agirez en conséquence pour son plus grand bonheur. Certes, il ne parlera jamais pour exprimer ses sentiments, mais les mots, contrairement au corps, sont loin d'être une source infaillible de vérité…

Un dernier conseil : inutile de mentir à votre chat. Il vous regarde et lit dans vos pensées. C'est ce qui fait son charme !

Rrroonz Twiiiz...
Rrrrr Rrr
Les Chats

Mon chat et moi

Vous pouvez noter ici les grandes qualités, rituels immuables et petits défauts de votre chat, en toute objectivité ! Cela vous permettra de brosser le fidèle portrait de votre compagnon et de mieux comprendre ce qui fait le charme de votre complicité.

Mon chat aime…

Mon chat n'aime pas…

Mon chat et moi, nous aimons...

Caractères de chats !

À chaque race, son tempérament : vous trouverez dans cette liste les grandes constantes du caractère d'une trentaine de races de chat parmi les plus populaires. De quoi faire de vous un expert !

L'Abyssin

Vif, curieux, intelligent et constamment en mouvement, il a besoin d'espace et de distraction. Un peu pot de colle, il n'est pourtant pas très bavard.

L'Angora turc

Agile, sportif, excellent grimpeur, il adore jouer avec l'eau. Très affectueux et volubile, il est parfois un peu envahissant.

L'European Shorthair

Débrouillard et astucieux, il est aussi à l'aise en ville qu'à la campagne. Chasseur redoutable, il sait rentrer les armes et se faire tout doux.

L'Exotic Shorthair

De son ancêtre le Persan, il a gardé une certaine discrétion et, de ses parents à poil court, le goût du jeu et la curiosité.

L'Oriental

Roi du bavardage, adepte des câlins, il est actif et plein de malice. Avec l'Oriental, ou son quasi frère jumeau le Siamois, vos journées monotones seront un lointain souvenir.

Le Balinais

Très curieux, il adore mettre son nez partout ! Actif et câlin, il aime à bavarder avec son hôte, mais se montre moins exclusif que le Siamois et l'Oriental.

Le Bengal

Vif, actif, dynamique, le Bengal a besoin d'exercer ses talents de chasseur ou, à défaut, de jouer, courir, sauter, grimper… Il aime se percher pour surveiller son territoire et adore l'eau.

Le British Longhair

Comme le Shorthair, c'est un chat calme et très affectueux.

Le British Shorthair

Calme, posé, équilibré, facile à vivre, c'est un grand séducteur, a la voix douce. Il reste néanmoins un chasseur redoutable.

Le Burmese américain

Bavard, sociable, affectueux et facile à vivre, il aime la compagnie et apprécie la vie de famille. Il est parfois un peu collant. C'est un excellent chasseur.

Le Burmese anglais

Calme, raffiné, affectueux et joueur, le Burmese anglais est parfois un peu bavard. Facile à vivre et d'humeur égale, il cultive l'art du juste milieu.

Le Burmilla

Très affectueux et calme, son caractère est très proche de celui du Burmese, car leurs origines sont communes.

Le Chartreux

Vif, rustique, sportif, intelligent et excellent chasseur, il apprécie autant le moelleux du canapé que la verte campagne.

Le Cornish Rex

Boute-en-train, curieux, joueur, intrépide, espiègle, voire un peu excentrique, il met de la bonne humeur dans le foyer. Il aime la compagnie et participe activement a la vie de famille.

Le Devon Rex

Curieux, espiègle, acrobate, il fait tout pour attirer l'attention. Affectueux et câlin, il se montre parfois un peu casse-pieds : il a horreur de la solitude !

Le Maine Coon

Sous des allures de géant, il cache un océan de douceur et une rivière d'affection. Actif, sportif et chasseur hors pair, il a besoin d'espace et de distractions.

Le Manx

C'est un vrai « chat-chien », intelligent et très fidèle, voire parfois un peu collant. D'un naturel calme, il n'en reste pas moins un joueur invétéré et un chasseur redoutable.

Le Mau égyptien

Vif, joueur, équilibré, c'est un compagnon doux et affectueux et un chasseur émérite. Attachant et bon orateur, il s'exprime avec nuance et élégance.

Le Norvégien

Affectueux, doux et équilibré, il sait se faire discret. Chasseur redoutable, il aura vite fait de débarrasser votre jardin de tout ce qui court, vole ou nage…

Le Persan

Chat de salon par excellence, il brille en société par sa beauté, sa discrétion, son flegme et son calme olympien. Peu loquace, il n'est pas du genre à vous couper la parole.

Le Peterbald

Intelligent, curieux, joueur, il ne sait pas quoi inventer pour faire le pitre. Et quand il ne vous divertit pas de ses acrobaties, il vous tient de long discours.

Le Ragdoll

Doux, affectueux, patient, peu loquace, sa présence invite au calme, à la décontraction et a la sérénité. Joueur à ses heures, il sait aussi divertir son public.

Le Russe

Discret, calme, affectueux envers ses proches, il a la réputation d'être timide. Sa voix douce et mélodieuse colle bien à son tempérament aristocratique.

Le Sacré de Birmanie

Calme, équilibré, posé, un peu timide, ce charmeur à la voix douce est un séducteur né. Affectueux, parfois un peu possessif et joueur, il a besoin d'attention et d'interactions.

Le Savannah

Intelligent, curieux, fidèle et débordant d'énergie, il se montre parfois timide envers les étrangers.

Le Scottish Fold

Calme, discret, joueur et très sociable, ce charmeur à la voix douce et discrète s'adapte à toutes les situations. Malgré ses oreilles repliées, il reste un remarquable chasseur.

Le Selkirk Rex

Calme, curieux, espiègle, tolérant et affectueux, il a toutes les qualités requises pour faire un agréable compagnon.

Le Siamois

Bavard, extraverti, énergique, ce chat est tout sauf calme. Il cultive l'art de la parole et ne se lasse pas de discourir sur tout et n'importe quoi. Avec lui, on ne s'ennuie jamais.

Le Sibérien

Pour ce chat très intelligent, c'est un jeu d'enfant d'ouvrir une porte ou de retrouver son jouet préféré, même bien dissimulé. Excellent sauteur, aucun obstacle ne l'arrête.

Le Singapura

Espiègle, curieux, extraverti, il adore la compagnie et aime être au courant de tout. Malgré son petit gabarit, il peut jouer l'équilibriste pour surveiller son territoire !

Le Somali

Vif et enjoué, il adore jouer et apprécie la compagnie. Excellent chasseur, il est aux anges quand il a la chance de pouvoir disposer d'un jardin.

Le Sphynx

Tout sauf agressif, cette crème de chat ne sait pas quoi inventer pour se faire remarquer et obtenir une caresse. Il est à la fois chien, enfant, singe et un peu chat…

Le Thai

Intelligent, curieux, drôle, bavard et collant, c'est un vrai chat-chien. Bonimenteur intarissable, il vit pour être écouté. C'est le chat idéal pour les personnes seules.

Le Turc du lac de Van

Intelligent, vif, espiègle, le jeu est sa passion. Il adore sauter, courir faire des culbutes. Rien ne l'arrête, même pas l'eau. Fourbu et épuisé, il vient alors s'étendre sur vos genoux pour profiter d'une séance de caresses.

Carnet pratique

Adoption et informations générales

Société Protectrice des Animaux

39, boulevard Berthier
75847 Paris Cedex 17
Tél. : 01 43 80 40 66
Fax : 01 43 80 84 80
e-mail : info@spa.asso.fr
www.spa.asso.fr

Wamiz

Ce site est le premier site français consacré aux animaux de compagnie. Il relaie aussi les profils des animaux à l'adoption dans les refuges de la SPA.

http://www.wamiz.com

Races, identification

LOOF

1, rue du Pré Saint Gervais
93697 Pantin Cedex
Tél. : 01 41 71 03 35
Fax : 01 57 42 98 17
E-mail : contact@loof.asso.fr
http://www.loof.asso.fr

Fichier national d'identification des carnivores domestiques (I-CAD)

112, avenue Gabriel Péri
94240 L'Haÿ-les-Roses
Tél. : 01 55 01 08 08
Fax : 01 55 01 08 04

Santé

Centre antipoison vétérinaire de Maisons-Alfort (24 h/24)
Tél. : 01 48 93 13 00

Centre antipoison vétérinaire de Nantes (24 h/24)
Tél. : 02 40 68 77 40

Centre antipoison vétérinaire de Lyon (24 h/24)
Tél. : 04 78 87 10 40

Centre antipoison vétérinaire de Toulouse (24 h/24)
Tél. : 05 61 19 39 00

Urgences vétérinaires École Nationale Vétérinaire d'Alfort
7, avenue du Général de Gaulle
94700 Maisons-Alfort
Tél. : 01 43 96 72 72 (24 h/24)

Urgences vétérinaires École Nationale Vétérinaire de Lyon Vetagro Sup
1, avenue Claude Bourgelat
69280 Marcy l'Etoile
Tél. : 04 78 87 07 07 (24 h/24)

Urgences vétérinaires École Nationale Vétérinaire de Nantes
La Chanterie
Route de Gachet
44307 Nantes
Tél. : 02 40 68 78 98 (24 h/24)

Urgences vétérinaires École Nationale Vétérinaire de Toulouse
23, chemin des Capelles
31076 Toulouse
Tél. : 05 61 19 38 62 (24 h/24)

Direction départementale des services vétérinaires
(DDSV) – Préfecture de police
20-32, rue de Bellevue
75019 Paris
www.prefecture-police-paris.interieur.

Index

Photogravure : IGS, 16 L'Isle d'Espagnac

Imprimé en Espagne par Macrolibros SL, Valladolid

Dépôt légal : février 2015

315570/03 – 11033981 – août 2016